¡CONCURSO DE MASCOTAS!

Para Susan Hirschman

Acknowledgments

Pet Show! by Ezra Jack Keats. Copyright © 1972 by Ezra Jack Keats. All rights reserved. Reprinted by permission of Viking Children's Books, a member of Penguin Young Readers Group, a division of Penguin Group (USA) Inc.

Printed in the USA.

ISBN: 978-0-547-13272-3

123456789 – 0908 – 17 16 15 14 13 12 11 10

EZRA JACK KEATS

¡CONCURSO DE MASCOTAS!

HOUGHTON MIFFLIN HARCOURT
School Publishers

Todos hablaban del concurso de mascotas.

3

Los chicos comentaban qué mascota llevarían.
¡Matt dijo que llevaría hormigas!
—Voy a llevar mi ratón —presumió Roberto.
—Y tú, Archie, ¿vas a llevar a tu gato?
—¡Ajá! —respondió Archie.

Al día siguiente, todos se prepararon para el concurso de mascotas.

—¿Dónde está el gato? —gritó Archie—. ¿Alguien ha visto al gato?

Archie y Willie buscaron en los lugares favoritos del gato, mientras Peter y Susie recorrían la calle.

El gato no aparecía.

8

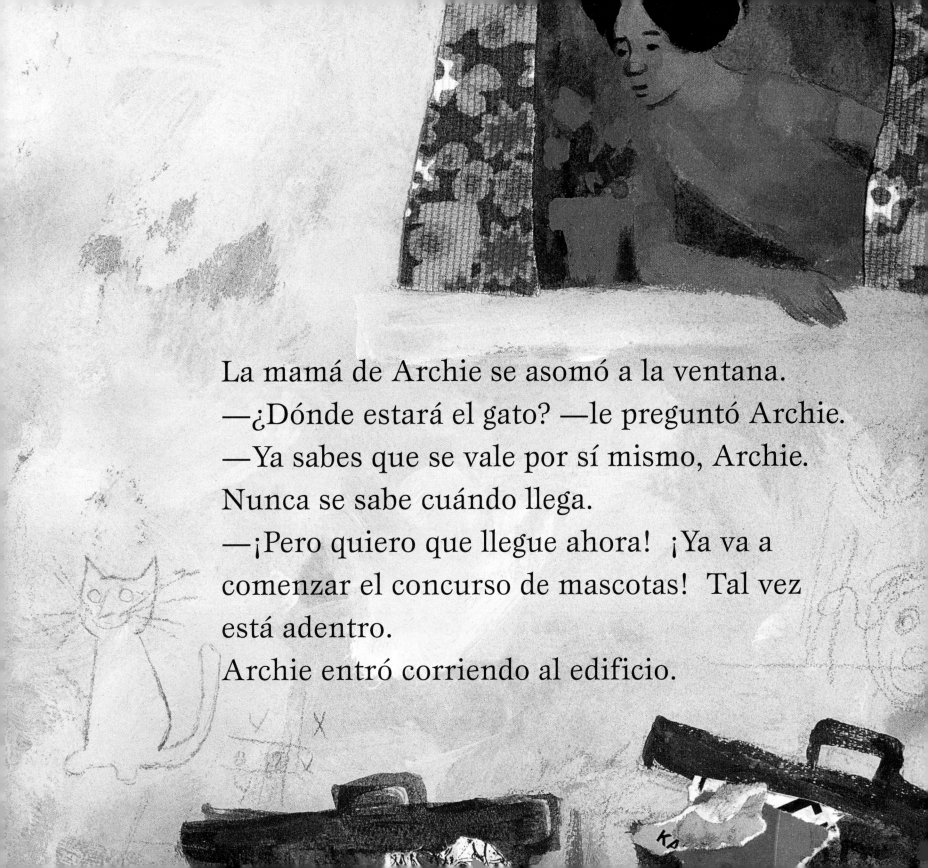

La mamá de Archie se asomó a la ventana.

—¿Dónde estará el gato? —le preguntó Archie.

—Ya sabes que se vale por sí mismo, Archie.
Nunca se sabe cuándo llega.

—¡Pero quiero que llegue ahora! ¡Ya va a
comenzar el concurso de mascotas! Tal vez
está adentro.

Archie entró corriendo al edificio.

Al rato, se asomó a la ventana.

—No lo encuentro. Ya lo busqué por todas partes. Empiecen sin mí.

—Qué lástima, Archie —dijo Peter.

—Hasta pronto —dijo Susie.

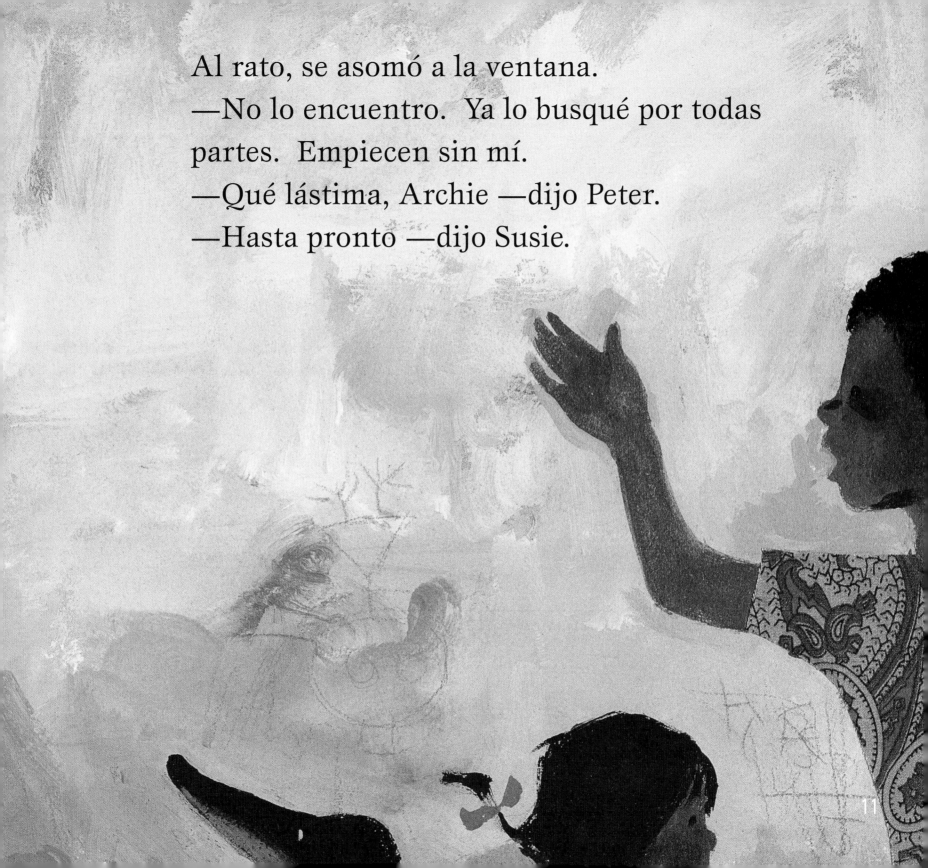

Llegaron a la entrada.
Ya había mucha gente.
En ese momento se escapó el ratón
de Roberto.

Willie persiguió al ratón.
Roberto persiguió a Willie.
Peter persiguió a Roberto.
Susie persiguió a Peter...
y el concurso comenzó.

—Hagan una fila con sus mascotas, por favor —anunciaron los jueces.

Estos caminaban de un lado a otro, observaban cuidadosamente a cada mascota y preguntaban:

—¿Qué edad tiene tu mascota? ¿Cómo se llama?

15

Todos ganaron un premio por algo.
El loro más parlanchín, la rana más bonita, los
peces más amigables, el canario más amarillo,
las hormigas más trabajadoras,

el pez dorado más brillante, el perro
más largo, el ratón más veloz,
el cachorrito más suave, la tortuga más
lenta, y muchos más.

Cuando estaban dando el último
premio, alguien gritó:
—¡Miren, ahí viene Archie!

19

—Hola, llegas a tiempo —dijo un juez—.
¿Qué traes en esa bolsa?
—Mi mascota.
—¿Puedo verla?
En ese momento apareció el gato.

El otro juez gritó:
—¡Un listón azul para la amable señora por
el gato con los bigotes
más largos!

Antes de que alguien pudiera decir algo, le colocó
el listón azul a la anciana y volvió donde Archie.

—¿Qué mascota tienes en el frasco?

—Un germen —respondió Archie.

—Mmmm, ¿y cómo se llama tu germen?

Archie pensó un momento.

—Al —dijo.

Los jueces se dijeron algo en secreto.

—¡Un listón azul para Al, la mascota más silenciosa del concurso! —anunciaron.

29

Cuando ya todos se iban, la anciana
se acercó a Archie.

—Este es tu gato, ¿no? —le dijo—.
A ti te corresponde el listón.

—No importa —le dijo Archie—.
Quédese usted con él.

Y corrió hacia donde estaban sus amigos.

Camino a casa pasaron al lado de la anciana.

—¡Gracias por el listón! —les gritó ella.

Archie sonrió:

—Se le ve muy bien. Nos vemos.

—Nos vemos —respondió ella.